바람의 노래

당진문화재단

2017 **당진이시대의문학인** 선정작품집

바람의 노래

이정음 시집

도서출판 천우

시인의 말

인간은 바람을 맞으며 그와 더불어 살아간다.

우리가 바람의 존재를 아는 것은 그로 인해 물체가 작용할 때 우리는 그 흔적을 알고 그가 강한 힘을 소유한 존재임을 안다. 하찮은 미물도 그가 있기에 꽃이 피고 열매가 달리며 성장하고, 마지막에는 마르고 썩어 한 줄기 바람으로 사라진다. 바람은 모든 일의 시작이 되고, 마지막으로 그 일을 완성한다.

인간의 삶도 마찬가지 그 속에서 태어나 성장하고 죽는 가운데 마지막 한 줌의 바람으로 돌아가면 언제 그랬느냐는 듯, 흔적도 없이 사라진다. 사노라면 시시때때로 미풍과 폭풍이 불어오고, 욕망과 생각의 바람, 만남의 바람이 불어온다. 그가 우리를 낮아지게도 하고 높아지게도 하며, 파멸의 구렁텅이에 넣기고 하고 순식간에 생명을 앗아가기도 한다. 이와 같이 계속되는 바람 속에서 인간은 살아가지만, 자신의 자유와 그 바람이 가진 힘과 질서 사이에서 늘 충돌하고 변화하기 위한 새로운 길을 찾기에 인생은 늘 고민과 방황이 뒤따르게 마련이다.

바람은 왜 불어올까. 끊임없이 불어오는 그 바람은 인생에 무슨 의미가 있는가를 생각하지 않을 수 없다. 바람은 자연을 다스리며 인간을 깨우치는 거대한 혼이다. 바람이 올 때에는 우리에게 하나의 길을 가지고 온다. 우리는 그 길을 선택하고 결정해야 하는 판단의 기로에 서는 경우가 많다. 그 선택이 우리의 행복과 불행으로 연결되기 때문이다. 한평생 바람이 우리에게 오는 것은 자기 생명에 대한 이해와 근원적인 깨달음을 이끌어주고 성장시켜 주기 위해서다. 한마디로 바람은 무형의 스승이다.

또한 바람은 자기 생명의 영원성에 대한 소망을 추구하게 하고, 인간 자신의 무능과 나약함과 게으름을 알려주고, 때로는 정금처럼 단단하고 순결함을 말해주는 끝없이 다정한 여인의 속삭임의 언어이기도 하다. 바람 속에는 숱한 언어가 묻어 있다. 그러므로 바람이 오는 것은 숱한 언어를 가지고 온다. 그 언어를 표현하지 못하고 받아들이지 못한다면 인간의 삶은 생명력이 없는 무기력한 삶이 될 것이다.

바람을 노래하는 것은 시인만이 가지는 특권이다. 자연의 모든 사물의 생존과 소멸은 말이 없지만 시인만이 모국어로 그것을 대변하고 노래한다. 그것은 우리 인간의 영원한 생명과 삶의 의미에 대한 근원적인 문제를 풀어가는 과정을 말해주고 그것을 배우게 한다. 자연의 사물과 인간은 언젠가는 바람으로 사라지겠지만 그래도 사는 동안은 언제나 훈풍이 불어와 행복한 인생이 되기를 바라는 마음은 누구나 같을 것이다.

끝으로 고향의 산천과 자연을 사랑하는 마음으로 살아온 비루한 시골사람으로서 영광스럽게도 보잘것없는 시집이 세상에 나오도록 이끌어 주신 당진문화발전을 위해 애쓰시는 당진문화재단에 감사를 드립니다. 아울러 당진문인협회 문인들의 관심과 배려에 깊이 감사드리며 한 분 한 분께 무궁한 발전을 기원 드립니다.

2017년 12월

이 정 음

제1부

닿을 수 없었던 그리움

● 시인의 말

제2부

잠자는 마음을 깨우며

제3부

사랑의 편지여

제4부

바람이 실어온 꿈들

제5부

혼자 가는 길

제1부

닿을 수 없었던 그리움

바람으로 늘 흔들리고
바람으로 늘 깨어나는

쓰러지는 풀잎

들판에 우뚝 일어선 풀들
많은 날들을 그와 맞서
고통의 소리를 지르다 지쳐
영롱한 이슬을 버리고
쓰러지는 풀잎을 보라

밤새 나무는 뒤흔들려 혼을 잃고
절망에 휩싸인 채 부르르 떨며
한 줄기 바람에 모든 자존은 날아가고
화려한 옷이 벗긴 나목을 보라

시련이 지나간 끝자리에
가느다란 평화가 밀려와
누군가 아침에 꼿꼿한 풀을 세우고
나무는 조용히 사념에 잠긴 듯
그대 보이지 않는
부드러운 손길을 느꼈는가

육신보다 마음에 내린 사랑을
형체도 없이 찾아와 휩쓸고 간
고통의 시간을 넘어
어느새 생각은 깊고 넓어진 것을
뿌리는 땅으로 깊이 내린 것을

본능을 따라

긴 여정 향해 가다 보면
때론 고개 돌려 뒤를 보네
지나간 나날은 끝없이 펼쳐지고
외로이 홀로 서 있는 지금
아쉽고 그리운 나날이여

아득히 멀어져간 길들은
이제 무언가 일정한 곳을 향해
무서운 중력으로 빨려 들어가고
그 도정에 살아온 삶들은
이미 두꺼운 껍질 속에 갇혀
때론 선명한 영상만이
의식은 닿을 수 없는 공간에
피어오르는 아지랑이처럼
현란한 춤을 추며 일어서며
살 없는 하얀 뼈대들이
희망 없이 걸어 나온다

본능을 따라 갈 수밖에 없었던
화사하게 꽃피었던 날들이여
한 줄기 숨결에 육신을 맡기고
언제나 닿을 수 없었던 그리움

늘 디딜 수 없었던 본능을 만지며
걸어올 수밖에 없었던 나날이여
오늘도 한 줄기 바람이 따라와 섰다

형체를 만드는 위대한 손

싱싱하고 화려했던 봄 꽃잎
다가갈 수 없는 그 정결함에
옷깃 여미게 하는 그 얼굴이여
마음에 낙인처럼 찍혀도 잠시
진주 같은 풀잎들은 뿌리째 뽑혀
마침내 형체 없이 사라졌던
그 비정한 아픔도

가을날 곱게 빚은 강렬한 빛에
단단한 껍질 속에 숨겨놓았던 바람
잘잘한 윤기 속에 또다시
아무도 없는 들판 위에 싹을 틔웠지

너는 온갖 형체를 만드는 위대한 손
보이는 것들을 거둬들이는
한없이 거대한 넓은 가슴
닿는 곳마다 새 호흡이 일어나고
미래를 만들어 꽃은 다시 피었지
오늘은 또 누구의 가슴에 머물까
서성이는 한 줄기 바람이여
남촌에서 건너와

봄날 남촌에서 건너와

푸른 싹을 틔우는 그대여
좁아진 가슴은 너로 인하여
넓게 벌려지고 그 한가운데로
끝없이 들어가는 훈훈한 숨결을
잠들었던 영혼은 깨어
눈을 비비며 일어서고
부풀어 오른 가슴은 피가 솟아올라
두 팔 치올려 소리 지른다

당신은 환희에 들떴지
모든 세상을 그 영롱한 눈동자에 가두어
하늘을 날아오른 비둘기처럼
그 마음의 창가에
또 하나의 눈을 매달고

그로 인해 당신은 보잘것없는
육신에 갇힌 자신을 알았고
마침내 영혼의 생명을 보았지
거기 비친 하늘의 신비를 보며
너는 매일같이 꿈을 꾸기 시작했지
너는 눈을 감고 깊이 잠들었고
그리고 붉은 열매를 만들었지
한 줄기 바람이여

외롭게 서 있었는가

그대 풀 한 포기 없는
쓸쓸한 광야에서
외롭게 서 있었는가

그때 한 줄기 들녘의 바람이 불어와
당신을 스치게 된다면
그대의 모든 존재의식은
절실히 그와 함께 일치되는 것

보이지 않는 형체 속에 숨은
부드럽고 부드러운 손길에
그대의 피부는 떨리게 되는 것

희미한 동공엔 안개가 걷히고
맑은 지평선이 나타나
두려움에 떨던 가슴은
따스한 숨결로 인해 평화를 얻어
먼 광야를 걸을 수 있는 것

빈손으로 일어서는 것

그대 바람에 의해
쓰러졌다면 아파하지 말라
쓰라린 고통으로 절망하지 말라
삶의 광야에서 그것은 늘 반복되는 것
우리가 부족하기 때문에 바람은 오고
완성을 위해 바람은 오는 것
여름날 태풍에 찢겨진 나목은
한 줄기 빛을 쬐며 일어서는데
인간은 깊어진 영혼 속에
바람으로 전해진 생의 의미를 잡고
빈손으로 일어서는 것
삶의 의미를 욕망으로 채운다 해도
화려한 뿌리 없는 육신
언젠가는 다시 바람에 의해
허물어지는 원점일 뿐
다시 시작해야 할 인생일 뿐

여름날 들녘

흰 구름 두둥실 떠가고
들녘 한가운데 내리쬐던 빛
농립 쓴 아버지 베적삼 등짝 스치고
땀방울 말리고 간 바람
그 바람은 누가 빚은 곡조였을까

우거진 콩밭 고랑에 앉아
풀을 뜯으신 할머니
홀연히 흰 머리 수건 스치고
가랑이를 지나 사라져간
그 바람은 누가 보낸 사신이었을까

높은 고구마 두둑 덩굴 헤치고
이마에 땀방울 닦던
김매던 어린 소년의 손잔등
그 사이로 스쳐 간 시원한 바람
누구의 부드러운 눈빛이었을까

여름날 자고 나면 울쑥불쑥
어린 벼이삭은 세상을 열고
고구마 넝쿨은 뻗어가고
콩잎은 꼬투리가 맺혀
당신이 스쳐 간 그 자리에
당신이 만진 그 손길에

뜨거운 사랑 노래여

훈풍은 나무를 흔들고
잎은 살랑이며 미소를 짓네
목마른 사람의 가슴에 들어가선
활활 타오르게 하는
뜨거운 사랑 노래여
밤새 그대를 못 잊어
잠 못 이루는 긴 편지
애타는 마음을 실어
그대에게 부치는 젊은 날이여

바람을 잡으려는
애타는 생명의 욕망
끝내 잡을 수 없었던 그대
촉촉하게 적셔놓고 사라지는
한줄기 소낙비처럼
그대는 내가 될 수 없고
나는 영원히 그대가 될 수 없는
본능을 좇는 바람이여

꽃들은 실눈을

훈풍이 불어오면
겨우내 얼어붙은 땅은 풀려
들판의 실가지에 맺힌 꽃망울
바람은 알을 품은 암탉처럼
봄내 떠나지 않고 머물다
고운 채색으로 단장시켜
꽃들은 실눈을 살며시 뜨고
마침내 세상을 향하여 보네

다시 화려한 꽃들은
바람에게 고이 접은 꿈을 받아
여름날 쉬지 않고 달려
가을날 성숙한 육신이 되면
바람은 빈 들녘에 쓸쓸한 몸이 되어
외롭게 서성이다
겨울날 찬 가지 끝에 서서
봄은 다시 온다고 노래하지

바람의 고향

끝없는 수평선
바닷가 갈매기 날고
푸른 물결 높은 하늘가에
바람이 만들어지는 곳
거센 구름 휘감고
태고의 숨소리가 감도는
세상으로 나가는
거대한 출정식이 있는 곳

산을 달려 들을 달려
목마른 산천에 비를 뿌리며
전해주는 하늘의 큰 소리
모든 물상을 쓰다듬고 어루만지며
스치는 곳마다 정열을 전하며
닿는 곳마다 사랑을 주네
절망하는 자에게 희망을 주고
싸우는 자에게 평화를 주는
바다는 우리의 영원한 그리움
바람의 고향이기에

반가운 손님

여름날 지붕을 날리는
태풍이 불어올지라도
추운 겨울 살갗에 파고드는
찬 바람이 불어올지라도
바람이 그대를 만나기 위해
머나먼 길을 달려 왔으니
반가운 손님으로 맞이하라

가지고 온 하늘의 의미를 알아내면
그러면 그대 생명의 영이 되어
마침내 지혜가 되어 꽃이 피고
가을날 열매가 되리니

만약 그 의미를 외면한다면
바람은 너를 저버려 떠나고
너는 물기 없는 메마른 형체가 되어
육신의 공간에서 태우는 불꽃처럼
활활 타오르다
한 줌 재가 되어 남으리

귀를 기울여야

만약 그대가 희망을 가져
간절히 이루기 원한다면
그 길을 몰라 방황하다
우울과 절망의 소리에 가까이 한다면
세상을 다 알고 스쳐 온
세상을 다 보고 느껴 온
그 한 줄기 바람의 소리에
귀를 기울여야 하는 것

그가 그대의 마음에 닿는 순간
당신은 순식간에
전혀 새로운 피조물이 되리
우주의 목적에 충실한 인간이 되리
우주의 지혜가 그대에게 들어가고
그대는 그 어떤 지식도 부럽지 않을 것
오늘도 바람은 스쳐 가지만
그 누가 바람을 맞이할 것인가

아무도 말 걸지 않고

형체 없는 그대는 외롭다
쓸쓸히 왔다 혼자 머물다
낙엽처럼 떠나기 때문이다
사람들은 아무도 말 걸지 않고
아무도 붙들지 않는
메마른 세상이기에
바라보는 자 늘 고독하다

그것은 사람들이 만든
허무한 인조의 바람들이
태풍처럼 파도처럼 밀려와
쉼 없이 가슴에 밀려오기 때문이다
복잡한 도시의 거리에
날리는 먼지 섞인 바람을 피해
좁은 거리로 들어가듯
이제 정다운 바람은
어디로 가서 만날까

생명의 입구에 섰다가

그대는 언제나 먼 곳에서
흰 구름 먹구름 함께 오는 것
때로 검은 구름이 하늘을 가려
육신의 마음은 어두워지고
본능의 비가 장대같이 쏟아질 때
만일 피신하지 않는다면
그대는 흠뻑 젖은 초라한 나신이 되리

욕망에 이끌린 연약한 육신도
때로는 사랑이라는 방패를 들고
얼마나 많은 사람들이
용감히 자기 생명의 입구에 섰다가
홀로 소리 없이 사라졌던가
맑은 하늘이 나오자
그 마음 얼마나 부끄러워했던가
하지만 바람은 끝없는 유혹
구름 실은 비는 밀려오는데
오늘도 그와 맞서고 있는
풀잎 같은 나약한 인생아

내 곁에 있어 줘

여름날 마파람이
나뭇잎에 숨어들어 살랑일 때
하루 종일 속삭이는 밀어
너의 부드러움이 내게 닿으면
나는 언제나 황홀해
뜨거운 너의 숨결을 호흡할 때
하루를 충실히 살 수 있지
나를 잠시라도 떠나지 마
나에겐 지금 새로운 생명이 잉태하여
숨 쉬며 자라고 있어
간절한 소망이야
너의 포근한 마음으로
가을날 풍성한 육신이 될 때까지
내 곁에 있어 줘

늘 나와 마주하며

어머니 배 속에서 나와
탯줄이 끊어지고서부터
왜 하루도 빠짐없이 여지껏
보잘것없는 이 육신
가는 곳마다 따라다니고
늘 나와 마주하며 사는 것일까
그대 바람이여
나는 느낀다오
외딴 산골 아주 작은 풀잎까지
바닷가 아주 작은 모래알까지
먼 곳에서부터 찾아와
그들의 가슴을 부풀게 하고
반짝 반짝 빛나게 하는 눈빛
이 모든 삶의 모습들이
때로 긴 방황이 있을지라도
모두 알찬 열매를 맺기 바라는
그대의 간절한 소망임을

고개 숙일 때

가을날 충만한 그 얼굴이
황금으로 채색되고
만삭이 된 여인처럼
축 늘어진 무거워진 몸이
땅을 향해 절로 고개 숙일 때

중력으로 꼭지가 말라가는 것은
봄날부터 살아온 삶의 흔적들이
고비 고비마다 넘겨온
잊혀지지 않는 슬픈 눈물이 되어
순간순간마다 감사를 보내는
이별을 위한 쓸쓸한 변주곡

하지만 바람은 언제나 현실을 넘어
또 다른 미래를 준비하고 안내하는
땅의 거룩한 사자
육신의 생명을 넘어
또 다른 영원을 준비하는

제2부

잠자는 마음을 깨우며

바람이 생명의 씨앗을 들고
또 다른 땅으로 날아가듯이

마음의 창가에 앉은

한 줄기 바람이 불어오면
마음은 그곳으로 향하고
육신은 형체를 느끼며
정신은 그것으로 성장하는데

무수한 혼돈의 변화 속에서
생존은 한 걸음씩 무겁게 옮기며
한 계단씩 올라설 때
하늘의 밝은 빛 비추는
마음의 창가에 앉은 그대여
잠든 몸을 흔들어 깨우는
바람의 노래 소리 듣는가

길고 긴 추운 겨울밤
밤새 나목을 뒤흔들어도
봄에 새싹을 틔우는
바람 속의 생명을 보는가

새로운 마음을 위해

기뻐하라
거칠은 비바람 속에
성숙된 완전한 과실이라면
아무리 작은 미물일지라도
산고의 통증을 통한
새로운 우주가 탄생했음을
그것을 손으로 잡는 순간
거대한 우주를 가슴에 품은 것임을

감격하라
바람 속에 탯줄이 끊겼다면
그 안에 든 자유를 깨우고
저 멀리 높은 하늘을
미지의 새로운 만남을 위해
헤아릴 수 없는 섭리로
바람 속에 날아가는 것

대지는 웃으며 환호하여라
서로 만나서 또 사랑하고
끝없는 만남과 헤어짐이
기쁨 속에 이뤄지는 것을
또 다른 땅으로

세월 속에 부는
야속한 바람아
그대로 하여금 육신은 땅으로
내려갈 수밖에 없는 것
마음은 언제나 영원을 향해
날아가는 한 마리 불사조
어느 날 죽음이
한 줄기 바람을 몰고 와
이 육신을 싣고 간다면
즐거운 마음으로 맞이하리
비록 정든 몸은 흙이 되지만
썩지 않고서는 변화될 수 없는 것
누구도 그 관문을 통하지 않고서는
영혼이 하늘로 오를 수 없는 것
바람이 생명의 씨앗을 들고
또 다른 땅으로 날아가듯이

당신은 영원한 친구

흙으로 왔다
다시 흙으로 돌아가는 날
방금 복토한 황토 봉분 위에
겨울 햇살이 나직이 내려와 앉았다
찬 흙 알갱이만큼이나
못다 한 수많은 언어들은
참새처럼 조잘조잘
빛과 함께 나와 서성이고

그대가 이 땅으로 돌아왔다는
소식을 듣고
먼 들녘을 지나 찾아왔네
이제 나와 당신은 영원한 친구
내 언제나 그대를 보듬어주리
그대의 말을 들어 주는
영원한 친구가 되리
이제 아무도 없는 이 공간에서

바람의 꽃봉오리

찬 겨울 하늘 위로
거세게 휘어지는 나뭇가지
애처롭구나 발가벗은 어린 몸이여
저처럼 쉼 없이 흔들려야 함은
저처럼 추위에 떨어야 함은
그것은 성장하는 자의 양식
유일한 희망은 쏟아지는 눈발

아 흔드는 자는 누구인가
사랑인가 미움인가
그 큰마음 헤아리기 어려워
오늘도 고통과 마주하며
말없이 두 손 모아 기도하며 서 있네
봄은 처절한 절규 끝에 오는
바람의 꽃봉오리

대지에 비를 뿌리며

생각은 바람 속에 머물다
들녘에 풀잎을 거세게 쓰러트리고
나뭇잎 날려 멀리 공중에 떠가네
대지에 비를 뿌리며
번개 같은 섬광을 세상에 보이자
마음은 숱한 언어를 낳으며
마음에서 마음으로 집을 짓다
다시 헐어버리고
어느새 빠르게 흩어져
마침내 높은 하늘로 솟아올랐다
한 점 구름이 되어 흘러가네
그를 바라보는 자마다
역시 그도 한 줄기 바람으로 살다
바람처럼 사라지네

그대가 오는 것은

사람이 가는 길 위에
만약 바람이 없다면
우리는 행선지에 도착할 수 없네
저 멀리 가는 길도 아득해
뿌연 안개처럼 보이지 않고
갈 길 몰라 늘 서성이다
주저앉고 마는 것

한 줄기 그대가 오는 것은
우리에게 새로운 길을 만들어
그 길을 가게 하기 위한 것
썩은 것을 도려내고
새로운 길을 만들기 위한 것
잠자는 자를 흔들어
눈을 뜨고 일어나
갈 길 찾게 하기 위한 것

깊은 그리움 하나

겨울 동안
마른 가지 가슴속에서나
핏기 없이 메마른 풀잎들이
깊은 가슴속에 숨겨 놓은
깊은 그리움 하나

찬 바람 외로움 속에
나신에 떨던 부끄럼 위에
마음속에 숨겨 놓은
깊은 기다림 하나

보이지 않는
그 영혼의 심지 속에
뜨거운 불을 붙일
그의 화려한 외출
따스한 봄바람이여

겨울 빛과 놀고

허허로운 넓은 들녘을 지나
야트막한 동산에 이르면
눈 온 들녘에 뛰는 강아지처럼
숲속의 새소리에
어린 곰들이 재주를 넘듯
한바탕 휘휘 돌며 따스한
겨울 빛과 놀고 있는 바람

양지바른 추녀 밑
길게 드러누워 낮잠 자는 고양이
누가 깨워 귀찮은 듯 긴 하품
고운 털이 파도처럼 일어서는데
갈 길 먼 한 줄기 바람
잽싸게 산 너머로 내달리는
짧은 겨울 한낮

들녘의 군마처럼

아무도 없는 곳에 누가 있다
보이지 않는 누가 서 있다
때론 그가 들녘에 군마처럼 달려와서
그의 발아래 세상을 평정한다
때론 미인처럼 다소곳이
뜰 안에 고요히 서성이다
잠시 머물다 가는 사자
그가 풀잎을 흔들고
나뭇가지를 흔들어 댄다
빈집의 문짝을 두들기고
온갖 형체를 어루만지며
소리를 지르며 지나간다
메마른 사람의 가슴을 흔들고
잠자는 마음을 깨우며

모두들 아우성치며

보이지 않는 것들이
볼 수 있는 것들을 움직이게 하는 것
형체도 없는 것들이 다가올 때
죽은 것들이 살아나는 것
모두들 아우성치며
그를 반기는 것은
그가 거대한 영을
주고 감을 알기 때문
그를 붙잡고 매달리는 것은
새로운 것을 받고 싶기 때문
인생은 보이는 형체 속에서
보이지 않은 형체 속으로
옮겨 가는 도정
싸움이 아직 끝나지 않은 것은
그 과정 속에 머물러 있기 때문

길을 떠나야 한다

오늘도 걸어가야 한다
동녘이 환히 밝아오는 아침에
잠을 툭툭 털어내고
일어나 길을 떠나야 한다
그것은 지금도 길 위에서
나를 기다리며 반겨주는
발걸음 옮길 때마다
메마른 가슴을 감싸주고
손을 잡아 주는 그 임이
거기 서 있기 때문이다
먼 푸른 바다를 지나
산을 넘어 와서는
희망을 한 움큼 입을 벌려
가득 넣어 주기 때문이다

사랑의 맹세도

너무 헤아릴 수 없이 커서
때로는 측량하기 어렵고
때로는 너무 작고 미약하여
존재를 느끼기 어렵네
하지만 세상의 모든 일은
거기에 포함되지 않은 일이 없어
한때 찬란한 인생의 부귀영화도
영원한 사랑의 맹세도
그 속에서 벌어진 일
내 운명의 굴곡진 삶도
언제 있었냐는 듯
모두 그 속으로 빨려 들어가네
아무도 없는 빈집의 뜰 안처럼
오늘도 낡은 형체를 감싸며
그가 홀로 왔다 가네

외로운 목자

바람도 때로는 들녘을 걷다
갑자기 험준한 산을 만나면
갈 길 막혀 빙빙 돌다가
걸어온 길 추억하며 생각에 잠기지

눈을 뜨면 하늘은 높고
땅은 언제나 밑에 있는 것
아무리 높은 산인들
내 앞길은 막지 못하지

나는 태초부터 세상과 함께한 동반자
그래서 끝없이 펼쳐진 광야로 달려가
작은 모래알도 감싸기 위해
걷고 뛰어가야 하는 외로운 목자

그들과 만나고 숨쉬고
쓰러진 작은 풀잎이라도
부드럽게 어루만져야 하는 것

그들은 모두 나를 오라 하고
잠시도 떨어져서는 안 될
영원히 우리는 하나인 것

여인처럼

겨우내 두꺼운 얼음장 위에
적막감으로 휘감던 호수
그대 남녘의 부드러운 속삭임에
팽팽하게 짜여 있던
찌렁찌렁 겨울 하늘이 깨진다

얇아진 얼음장 위에 앉은
조잘조잘 웅성이는 철새들
봄소식 날개에 싣고
다시 먼 북녘을 향해
날아오르는 이별의 활주로

잔잔한 물결에 살랑대는 햇살
두근거리는 가슴팍을 어루만지며
하루 종일 기다리는 여인처럼
남풍에 설레이는 호수

떨어지는 눈물

당신과 나와의 만남은
사랑이 바람을 타고 와
타오르는 불꽃처럼 시작된 거지
부드럽던 우유 빛 육신은
지금 얼마 남지 않은 촛대처럼
마지막 불꽃으로 타오르며
붉게 물들이는 석양

우리는 거대한 중력으로
빨려 들어가 그 속에서 살아왔던
촛불처럼 떨어지는 눈물은
타고 남은 재가 쌓여
수많은 흔적이 스쳐 간 저승꽃
끝내 떠나지 않았던
지금도 우리 곁에 남아 맴도는
다하지 못한 사랑

욕망의 대지

마음의 들판에 다가오는
감성은 깨어나 전율을 일으키고
연약한 가슴을 치며 소리 지른다
거세게 달려오는 기마전단
모래 폭풍 속에 갈 길을 잃어 버려
잠시 움막집에 정좌하네

그들이 휩쓸고 간 적막감
태양은 중천에 떠 빛을 보내주니
쓰러진 풀잎은 하나 둘 일어서
화려한 꽃잎들은 피어나고
다시 시작되는 욕망의 대지

어느덧 서녘 하늘에 검은 구름이
또 대지는 폭풍을 준비하니
마음과 대지에 부는 바람은
그 근원에서 함께 나온 것
오늘도 산 고개 넘어
마음 들녘에 달려가는 바람아

동반자

그대는 인간의 마음을 품고
마음은 바람을 붙들고
함께 갈 수밖에 없는
먼 미지의 광야 같은 길
아무것도 잡을 수 없는 빈손일지라도
잠시 떨어져서는 살 수 없는
없어서는 안 될 동반자
마음이 외로울 때면 살며시 다가와
어루만지는 다정한 손
캄캄한 밤길에 길을 헤맬 때
어둠의 촛불을 밝히는 그대
생명의 가장 밑바닥에서
언제나 들려주는 변함없는 소리
세상은 바람 속에서 일어나
모두 바람처럼 사라진다는 말

제3부

사랑의 편지여

))

먼 들녘에 성큼 찾아온
보고팠던 그리운 임

((

그리운 임

겨우내 떨었던 산중의 나목들
써늘한 하늘가지 끝으로
몸 바친 그리움의 기도에
긴 호흡 헐떡이는 숨으로
따라온 햇빛을 들이켜고 있네

언제나 눈에 보이는 것은
보이지 않는 것으로부터 온 것
먼 들녘에 성큼 찾아온
보고팠던 그리운 임

그대 황홀하게 얼굴에 스쳐 가면
꺼져가는 심지에 다시 붙어
타오르기 시작하는 육신의 불꽃
진실의 열기에 복받쳐
곱게 터져 나오는 꽃봉오리

잠시도 떨어지지 않는

잊지 말아라 그대여
높은 언덕에 올라서서 바라보면
형형색색 아득히 펼쳐지는 논과 밭
그 위에 자유로이 유영하며
언제나 유성처럼 돌고 있는
보이지 않는 친구가 있다는 것을

나무에 매달려 살랑이는 은빛 잎사귀
얕은 땅 위에 널브러져
옹기종기 모여 있는 풀잎들
오래된 삭쟁이 잔가지에도
잠시도 떨어지지 않는
조용히 지켜보는 눈동자

삶의 시작에서부터
꽃피는 황홀한 착각에 취하다가
쇠락한 육신에 절망하기까지
허무에 눈떠 외로울 때까지
숨어서 끝까지 바라보는 손길이여

드디어 영혼이 육신의 옷을 벗고
삶을 마감하는 그리운 그날

그대의 따스한 가슴으로 반겨
손을 잡고 떠나가리
떠나왔던 먼 고향으로 인도하리

홀씨처럼 땅에 떨어져

생각은 바람을 일으키고
영감은 회오리처럼 다가오는 것
언제나 생각은 그 속에서 시작되고
그 둘은 사랑하는 연인처럼
잠시도 떨이지지 않아

생각이 모여 이념이 되면
한 줌의 거센 바람이 되어
높이 떠 두둥실 날아가고
떠도는 홀씨처럼 땅에 떨어져
싹이 터 한 그루 나무가 되니
화려한 꽃 피고 열매가 되어
울창한 숲이 되었다가도

때로 매서운 광풍이 휩쓸면
수많은 인간들은 풀잎처럼 쓰러져
거리에 낙엽처럼 뒹굴며
외치는 고통의 한숨 소리

그 앞에 낼름거리는 불꽃처럼
우거진 숲이 불타오르는 연기
마침내 흔적도 없이 사라진
그 빈 터전 위에 언제 있었느냐는 듯
머무는 한 줄기 바람이여

희망이 없다고 절망할 때

아무도 없이 홀로 있다고 느낄 때
그대는 거기에 와 있습니다
길 앞에 캄캄한 벽을 만날 때
당신은 이미 새 길에 와 있습니다
자신을 부정한 그 순간에도
또 다른 자신을 들고 와 있습니다

아무런 희망이 없다고 절망할 때
새로운 문의 입구에서 서 있습니다
아무것도 없이 빈 털털이라 느낄 때
당신은 선물을 들고 와 있습니다

우리가 끝없이 공허함을 느낄 때
영원한 생명을 들고 와 있습니다
아무도 보는 사람 없다고 느낄 때
당신은 언제나 눈을 뜨고 와 있습니다
우리 지난 일을 다 잊었다고 느낄 때
모든 것을 기억하며 서 있습니다

인생의 의미를 생각하지 않을 때
당신은 죽음을 가지고 와 있습니다
마지막 숨을 돌려주어야 하는 그때
당신은 그 숨을 가지러 와 있습니다

들녘의 잡초처럼

그대는 아름다운 여인이 아니라
감미로운 사랑을 실은
두근거리는 한 줄기 바람입니다
해맑은 천사이지만
썩어가는 황홀한 육신입니다

영원한 삶의 착각을 두고
욕망을 태우는 화려한 여인입니다
하지만 그대가 내게 온 순간
환희에 들뜬 생명이 되어
봄에 파란 싹을 틔우고

여름에 꽃이 활짝 피어나
가을에 풍성한 열매가 되니
그의 찬란했던 육신도
빈 껍질을 남기고 가듯
검은 주름이 검게 패여
먼 들녘의 잡초처럼
소리 없이 떠나갈 뿐입니다

빛에 불을 붙여

산마을 봄빛이
금빛으로 익어가는 것은
겨우내 얼었던 대지를 녹인 바람이
빛에 불을 붙여 활활 타기 때문

타오르는 연기처럼 자욱한
산 밑에 희뿌연 그리움이 쌓이고
바람이 빛을 더욱 태우면
들녘마다 솟아나는 파란 새싹들

이제 닫혔던 창문을 활짝 열어
빛의 축제가 한창인 들로 나가자
핏기 없는 가슴을 열어
조용히 밀려오는 벅찬 환희
소리 없이 들려오는 소리를 듣고
볼 수 없는 신비의 내면을 보며
우렁찬 건설의 소리를 듣자

아 이보다 거룩한 소리는 없는 것
누구나 마음에 담아야 할
살아가는 우리들의 동력
바람이 또 한 세상을 만들어 간다

마음의 창문을 흔들어

세상을 사노라면
볼 수 없는 것들이 보이고
보면서도 보이지 않는
마음에 매달린 눈이여
밤새 나무가 흔들린 잎새에
아침에 영롱한 이슬이 맺혔는가

바람이 마음의 창문을 흔들어
걷잡을 수 없는 힘의
끝없는 욕망에 끌려
깊은 삶의 협곡에 갇혀버린
길을 잃고 방황하는 날들에

어둠의 처절한 울부짖음은
막힌 가슴에 바람을 맞이하는
쌓였던 욕망의 구름은 걷어가는
아름다운 삶의 노래
아침 창문에 맑은 햇살이 들어와
헐었던 마음을 싸매며
상처를 만져주는 손길은
파랗게 싹이 돋아나는 속삭임이네

그 풍화작용

아주 먼 태고의 혼돈의 날부터
휘몰아치던 그 소리를
오늘도 우리 머리 위에
머물고 있는 당신의 모습에서
그 첫날의 신비를 간직하네

형체가 없기에 시공을 넘어서
우리의 전 생애를 바라보는
날카로운 눈 그 앞에서
벗어날 수 없는 이 육신이여

땅과 하늘을 왕래하며
늘 물상과 함께하는 그 풍화작용
잠시도 떠날 수 없는 그 품 안
그 넓은 가슴에 숨 쉬고 있음이여

현실의 존재에서 벗어나기 위한
유일한 출구인 당신의 형체를
닮기 위한 우리들의 여정
마지막 날 뜨겁게 당신을 만나리

사랑의 포옹이여

그가 먼 남녘으로부터 왔네
산 넘어 들을 지나 이곳까지
흰 옷 입은 천사처럼 소리 없이
꺼칠한 찬 가지를 어루만져
훈훈한 옷을 입히고

핏기 없는 풀잎 속에서
얼마나 그리워했던 임인가
밤새워 기다리던 임의 가슴
뜨거운 사랑의 포옹이여
닿는 곳마다 불씨를 지피네

나무마다 가지마다 뜨겁게
겨우내 얼었던 가슴을 열고
마침내 터지는 꽃봉오리
산과 들에 꽃불이 타들어가네

연분홍 아름다운 여인의 얼굴
수많은 하늘이 열리고
새들이 찾아와 인사하는
화창한 신비의 봄날

부드러운 속삭임

죽었던 나무에 빨간 꽃이 피고
그 꽃 속에 열매가 맺히는 것은
산산이 깨진 슬픈 마음에
긴 밤 찾아와 위로해 주는 아주 작은
바람의 부드러운 속삭임

어둔 미지의 죽음을 향해 가는
삶의 혼잡한 발걸음 속에
그 마음은 흔들어 깨워줘야 하는 것
자욱한 안개가 걷힐 때까지
계속 빛을 쬐게 해야 하는 것

그 끝에서 지혜는 안겨오고
한 가닥 우리의 삶에 도는
휘몰아치는 폭풍이 지나간 곳에
떨어진 그의 발자취일 뿐
그가 오고 가는 틈 속에서
자라나는 가녀린 풀잎일 뿐

내 사랑 노래여

하얀 배꽃 만발한 동산
회색 구름 낀 높은 하늘가에
종달새 높이 떠 지지배배 지저귀는
지상에 평화를 내려 주는 봄날
바람이 푸른 보리밭을 흔들고 지나간다

온통 만물은 그리움으로 채워져
간절한 목마름으로 임을 찾아
푸른 꿈을 향해 달려가는 들녘
혈관 속에 뜨거운 피를 더욱 거세게
심장은 더욱 콩닥거리며 펴 올리는데

사랑의 눈빛은 더욱 투명해져
그대를 만나기 위해 기다리는 날
종달새 높이 떠 지지배배
그대를 위해 부르는 내 사랑 노래여

내 사랑의 편지여

남녘의 꽃향기 가득 실은 바람
우거진 솔숲에 물밀듯 밀려오면
겨우내 외로움에 지쳐
뜨거움에 목마른 그 가슴
누구를 기다리는 간절한 노래인가
온종일 구구대는 산비둘기
임을 찾는 간절한 그리움에
높이 하늘에 날아올라
봄바람에 실어 보내는 꽃잎
잠 못 이루는 내 사랑의 편지여

철없는 꽃잎들이

봄 달빛에 본능은 꿈틀대고
바람 타고 뜨겁게 달아오른
열망은 식어갈 줄 모르고 타오른
한 송이 빨갛게 피어난 동백
하지만 시간을 이기지 못한 육신은
검게 타버린 숯덩이 되어
허무한 한 줌의 재가 되어 날리네
흔적도 없이 사라진 그 자취
세월의 바람 속에 떨어지는 인생아
화려한 꽃만으로 살기를 원하는
철없는 꽃잎들이 흩날리는 밤

위대한 사랑을 위해

밤을 지새운 열망의 영혼은
아침에 신비한 꽃으로 태어나지만
꽃은 쉬지 않고 꿈을 꾸어야 하네
그는 위대한 사랑을 위해
세상에 태어났기 때문이네
그는 아름다운 사랑을 위해
자기 몸을 다 바쳐야 하기 때문이네

그는 미래의 삶을 위해
새롭게 변신되어야 하네
봄날 바람은 항시 그대의 귀에다
부드러운 밀어를 속삭이고
그 마음을 더욱 뜨거워지게 하여
그 몸이 더욱 붉게 타오르게 하여
정상의 고지를 향하게 하네
풍성한 열매를 맺어야 하기 때문이네

누군가 찾아와

나무가 흔들리는 것은
잔잔한 바다에 파도가 일렁이는 것은
보이지 않는 누군가 찾아와
그들을 거세게 때리기 때문
인간이 목표를 향해 정진하는 것은
먼저 마음이 움직인 것이고
한 송이 바람 속에서 피어난 꽃
모든 일상은 바람이 일군 마음
거세게 활활 타오르다 결국은
새로운 마음으로 사라져 버리는 것
언제나 보이는 것이 움직이는 것은
보이지 않는 것이 움직이기 때문
바람은 볼 수 없는 것을
늘 잊지 못하게 하는 동반자

관습을 타고

만약 그대가 아름다움을
추구하는 욕망으로 불어오는 바람을
거부하거나 회피하지 않고
당연한 것인 양 다 받아들여
그 안에서 관습을 타고 살아간다면

그대는 철벽으로 갇혀버린 노예
스스로 육신을 태우는 불나비
영혼을 깨우지 못하는 눈뜬 소경
그것은 평생 어둠 속에 유폐된 채
빛을 모르고 성장한 식물처럼
아무런 열매도 맺을 수 없는 석녀

마지막 죽음과의 대면에서
초라해질 수밖에 없는 부끄러운
자신을 만날 수밖에 없는 자

날카로운 칼이 되어

믿음이 강한 배신일수록
마음에서 날카로운 칼이 되어
가장 멀리 있는 자보다 가장 가까이 있는
쉽게 사람을 베어버리는 사랑
번개처럼 순식간에 사물을 갈라놓으며
천둥처럼 소리 지르는 감성

미움이 꽃피는 피 튀기는 살인
모든 것은 마음에서 시작되는
재빠르게 반기를 들고 일어서는
격렬한 싸움이 일어나는 곳
생명을 죽이고 다시 씨 뿌리는
말없이 반복되는 바람의 잔인성에
거칠은 마음의 들판에 들리는
혈관을 타고 올라오는 비명소리

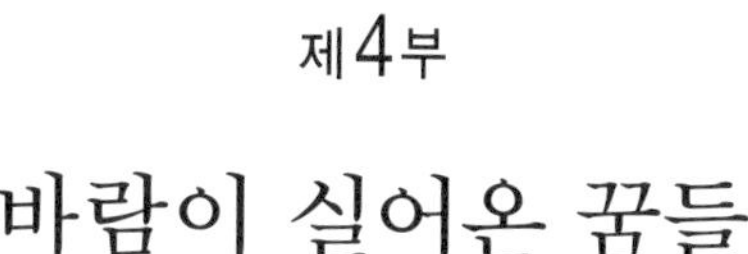

제4부

바람이 실어온 꿈들

벌떡벌떡 일어서는 풀잎들이여
하늘하늘 열리는 꽃잎의 하늘이여

그 마음을 흔들어

인간이 울면 바람이 따라 울고
바람이 울면 하늘도 따라 우는 것

마침내 바람은 한 나라를 세우고
활짝 꽃피워 자라게 하다
인간이 자연을 믿지 않으면
바람은 또 그 마음을 흔들어
나라를 허물고 또 다른 정권을 세우고

바람 속엔 영원한 나라는 없는 것
단지 하늘을 믿는 믿음이 나라일 뿐

그래서 바람은 믿음이 없는 나라를 허물고
믿음을 세우기 위해 나라를 세우는 것
오늘도 믿음을 세우기 위해
한 줄기 바람이 불어온다

번제의 연기

겨우내 찬 바람 속에 기도하던 나무들
그 그리웠던 열망 끝으로 난
방금 여인이 해산한 파릇한 아기들
번지르한 햇살에 물기를 말리고
어린 몸이 바람에 가늘게 떨며
세상에 소리 지르는 첫 아기들 울음소리

산과 들에 울려 퍼지는 함성에
저 넓은 들에 파릇한 논밭 둑길
번제의 연기처럼 솟아오르는 아지랑이
하늘마저 파랗게 장막을 치고
푸짐한 생명의 축제가 한창이다

그대들은 들리는가 이 성대한
잔칫상에 초대하는 나팔소리를
어서들 나아가세 고운 옷 차려입고
온갖 산해진미 차려 놓은
우리들이 먹어야 할 이 음식상에
엎드려 감사의 절을 올리세

신의 손길이 거기

글이 있기 전에 말씀이 있었고
말씀은 언제나 바람과 함께
우리 곁에서 늘 속삭였네
난 너의 친한 친구야

사물과 부딪치면 울리는 소리가 되어
그들의 속살이 밝히 드러났고
가슴과 부딪치면 숱한 말이 되어
사람이 가야 할 길을 가르쳐주었네

때로는 글 속에 바람을 가둬 두고
눈으로 그 뚜껑을 열면
하늘의 소식을 끝없이 전해주어
미혹한 마음을 깨우쳐 주었지

태곳적 광대한 우주가 창조된
그때의 음성이 아직 거기에 있고
우리가 만들어지던 그날의
신의 손길이 거기 숨어 있어

꽃잎의 하늘이여

떨어진 꽃잎들이 가야 할
영원히 변치 않는 낙원
싱싱한 피부는 흙이더라

땅은 바람으로 육신이 되고
육신은 바람으로 흙이 되는 것
저 넓은 대지는 육신의 조각으로 이뤄진 땅
봄이면 육신을 향한 욕망이 꿈틀대는 땅

한 줄기 바람이 불어와 생명을 주면
벌떡벌떡 일어서는 풀잎들이여
하늘하늘 열리는 꽃잎의 하늘이여

무수한 꽃잎이 떨어져도 아름다운 것은
무수히 썩어져도 외롭지 않은 것은
바람과 땅이 있기 때문

바람이 실어온 꿈들

황토색 써레질 한 논마다
5월의 푸른 하늘이 가득 열렸네
봄내 바람이 실어온 꿈들이
찰랑대며 춤을 추는 속삭임

어린 생명이 땅에 꽂아질 때마다
벌써 가슴에 영글어가는 황금 낟알
하얗게 핀 아카시아 꽃잎은 떨어져
아쉬운 봄의 손수건을 날리는데
쏜살같이 창공을 차고 오르는 제비
까마득히 구름 속에 숨었네

올봄도 선영 솔밭에 찾아온 뻐꾸기
너른 들녘에 아득히 퍼지는데
연옥 오지 마라 연옥 오지 마라
바람 타고 들려오는 애절한 소리

발을 딛고 서 있는 날도

바람은 세월을 몰고 가고
세월은 또 바람을 몰고 오는데
저 허리 굽어 지팡이 잡은 할머니
화창한 봄날 장 구경 나왔네

잠시 걷다 하늘 한 번 쳐다보고
또 잠시 걷다 하늘 한 번 쳐다보고
지나온 삶의 무게에 눌려버려
찌들고 왜소해 버린 육신
바람이 몰고 가는 저 세월을 보네

이제 육신은 다시 땅이 되고
마음은 다시 하늘로 올라가는 것
이제 그가 발을 딛고 서 있는 날도
땅은 이별할 그날을 알고 있는가
파릇파릇 새싹이 돋아난 거리
노란 개나리 활짝 펴 반겨주네

정진해 가라

아장아장 걸었던 자식이
어느덧 빛으로 건장한 성인이 되었네

자연은 이 땅의 주인으로 살아가도록
그에게 영화를 누리며 살아가도록
이미 모든 것을 다 준비하였고

바람은 그가 살아갈 목적을 추구하도록
그의 마음을 끝없이 흔들고
때론 절망의 상처에서 피가 나오게 하다
어느덧 새살이 나와 아물게 하고

지금도 영혼의 하얀 뿌리가
어둠 속에서 뻗어 내려가는 중
육신의 끝 생명의 강 앞에까지
죽음의 저편을 바라보게 될 때까지
계속 외롭게 정진해 가라

숨겨진 작은 씨앗

먼 우주의 전파를 탐지한 듯
한 줄기 바람이 가져온 작은 떨림
너의 생각은 어느 먼 우주의 은하계에서
찾아온 얼굴이 낯선 이방인
두리번두리번 무엇인가 찾고 있는

생각은 생각을 서로 잘 모르는
단단한 껍질 속에 숨겨진 작은 씨앗
눈빛 반짝이며 웅크리고 앉아
늘 남이 자기를 알아주기 원하는
높게 둘러쳐진 단단한 성곽

오늘도 다른 생각을 만나기 위해
수백 리 찾아가 임을 만나듯
미로의 길을 찾아 떠나는
너를 이해하기 위해 떠나는 걸음

꿈의 날개를 펴고

어느새 녹음 짙은 산처럼
심어진 논들도 푸르러가네
유월의 하늘에 활짝 열린 태양

굵은 장대비처럼 쏟아지는 빛들이
홍수처럼 넘쳐나 들판에 흐르는데
쉬지 않고 뜨거운 욕망을 담아내는
밤새 잠 못 이루는 사랑의 속앓이

이제 어떤 바람이 불어와 흔들어도
쉽게 쓰러지지 않는 것은
이미 영혼에 뿌리가 내렸기 때문

달려가는 계절의 문 앞에 서서
끝없이 날아가는 꿈의 날개를 펴고
아직은 어리기만 한 육신을 추스르며
새롭게 다져보는 삶의 의지여

장미

까치가 울면 반가운 손님이 온다는데
어느 아름답고 지순한 사랑의 편지가
유월의 창문가에 배달되었구나

뜯어보기엔 너무 떨리는 마음
오롯이 대문가에 반갑게 서서
조용히 미소 짓는 화려한 얼굴
부드러운 머릿결은 미풍에 흔들리고
빛나는 옷 색깔은 하늘에서 빚어 온 것

잠시 바람에 찡그리는 너의 미간에
세상의 욕망은 흩어져 없어지고
가슴 깊이 새겨지는 너의 자태
심장은 사랑에 찔린 가시가 되어
붉은 피를 토해 내고 있다

하늘의 별

인간은 우주에 떠도는
하늘의 별보다도 빛나는 존재
몸은 작아도 영혼이 거기 있기에
무한히 생각을 공급받을 수 있는
눈에 보이지 않는 장치가 숨어 있다
생각하고 바라고 마음이 가면
그 어떤 먼 별에도 갈 수 있는 것
그 어떤 별도 만들 수 있는 것
그 별이 아무리 크고 아름다워도
그 마음에 포함될 수 있는 것
별은 사람이 없는 허허벌판
거기엔 생명이 없고 사랑이 없네
모든 별을 지배하는 것은 오로지 생각
오늘도 생각이 흐르는 바람이 분다
마음에 흐르는 무수한 유성의 별들이
부딪치며 떨어지고 흩어진다

무지개여

반복되는 일상에서 잃어버린
아득히 떠나버린 소중한 오늘의 의미
동녘에 떠오르는 아침의 태양처럼
때로 바람이 불어와 본능이 파헤쳐질 때
언뜻언뜻 보이는 푸른 하늘

죽음을 향해 가고 있는 육신의 질주
쾌락으로 덮어버린 생의 아우성 속에
주어졌던 오늘의 의미가 구석에 처박혀
세월 속에 떠밀려 쓰레기처럼 떠밀려도
끝내 잡지 못하는 어리석은 마음

강풍이 육신의 욕망을 걷어 갈 때나
마음에 퍼진 빛으로 이끌려
너를 환히 만나 볼 수 있을까
영혼의 동쪽 하늘에 떠 있는 무지개여

관성

풀잎이 바람에 쓰러질지라도
다시 일어나서 꼿꼿할 수 있는 것은
그대가 처음에 비록 미약할지라도
어리석고 무능력한 인간이라고
남들에게 손가락질을 당할지라도
다시 시작할 수 있는 것은 그대에게
태생부터 관성이 주어졌기 때문

생각과 말이 현실이 되기 전까지
서로 마주 보며 그 가운데에 난
하늘이 인간에게 준 뜻이 이뤄지는 길
어느 누구든지 그 길에 들어서면
그가 몸소 이루어지게 인도하는 것
일이 이루어지지 않는다고 불평하는 것은
그 길을 조용히 걷지 않기 때문
오히려 능력이 많은 자보다 하늘이
능력이 적은 자들을 위해 베푼 길

밤새 적은 기도를

물 먹은 지 오래된 흙먼지 날리는 땅
태양과 씨름하다 노랗게 타버린 강낭콩
수척한 아들을 품에 안고 젖 먹이는
핏기 없이 메마른 애처로운 감자 줄기
높은 둑에 앉아 기어가던 고구마 넝쿨
가쁜 숨을 헐떡이며 고개마저 푹 숙였네

얼마나 많은 생명들의 간절한 염원을 올려야
얼마나 많은 먹장구름이 모아져야
장대비 되어 이 마른 땅을 적실는지
꿈쩍도 하지 않는 채 흰 구름만 떠가고
하릴 없이 바람만 지나가네

그동안 비는 얼마나 큰 하늘의 은혜였던가
물 한 방울 내지 못해 목 타는 대지
하늘만 쳐다보다 지쳐버린 눈빛은
마음은 다시 존재의 근원으로 돌아가
오늘도 하늘의 자비를 기다리는 땅이여
밤새 적은 기도를 하늘에 부치네

반복되는 일상

밤새 당신과 나 사이에 소리 높이
술잔 속에 가득히 담아 오가던 말
그것은 한 줄기 바람을 잡기 위한
구름 속에서 벌어진 화려한 전투였나

육신을 한순간 쾌락에 들뜨게 하고
현실에 없는 미지의 세계를 꿈꾸던
말 속에 세상을 견고히 세우려 하다
끝내 손안에 아무것도 잡지 못한
아침에는 땅에 떨어진 초라한 몰골

패배한 쓸쓸한 바람의 그림자여
육신의 마음은 잠시 우울에 빠지고
삶의 이정표마저 흔들리는 하루
그것이 반복되는 일상이 인생처럼
거대한 틀 안에 굳어져 버린 삶

자연의 거대한 순번

삶의 초침이 멎어가는 마지막 길
떠밀려 건너야 하는 죽음의 다리가
자연의 거대한 순번 바로 앞에 와 있네

믿음이 없는 불확실한 미지의 세계에
홀로 발길을 옮길 수 없는 캄캄한 불안
끝까지 이승을 이별하기 어려워
절박한 삶을 끊을 수 없는 미련들이
거세게 헐떡거리는 숨결을 이어가네

앙상한 두 팔을 허공에 허우적거리며
잡히지 않는 바람의 가냘픈 절규
평생 하루하루 삶이 그를 외면하고
지금까지 달려온 세월의 업보인가

끝내 가야만 되는 준비되지 못한 길
살아 있는 자가 어찌 그 고통을 알랴
애처로운 냉엄한 현실을 보네

염원의 눈물

수많은 불면의 기도가 하늘에 쌓여
바람은 떠도는 구름을 검게 모으더니
하늘이 지상에 주는 최고의 은총
드디어 염원의 눈물이 떨어지네

등짝에 바싹 붙은 뱃가죽처럼
한없는 그리움에 애타던 살갗
타들어 가던 검게 그을린 가슴에
원 없이 먹어보는 어머니의 젖

흠뻑 적시며 흘러내리는 사랑은
밤새 울면서 흐느껴 봐도 부족한
못다 한 이야기들 끝없이 모여
핏줄을 타고 흐르기 시작하네
저 넓은 끝없는 대지의 혈관에

허물을 벗은 영

죽음은 육신과 영의 정해진 이별
드디어 그날이 오고야 말았구나
평생 함께 살았던 정든 육신을 떠나
이제서야 육신의 허물을 벗은 영이 되고
이제서야 살아온 삶의 의미를 보게 되네

그리운 고향으로 다시 돌아가
누구나 그리운 아버지를 만나야 하는 것
너희는 이별을 슬퍼하지 마라
어머니 배 속에서부터 시작된 삶
바람 따라 정처 없이 흘러온 길

자연은 하루 한 날 나를 먹여 주었으며
평생을 입혀주고 재워주었지
아 얼마나 고마웠던가
살았던 햇수는 영원의 조그만 점
또 다른 씨앗을 남기고 떠나는
한 편의 아름다운 추억이었지

제5부

혼자 가는 길

한때 세상을 활보했던 그의 육신
텅 빈 껍질만이 바람에 흔들려

가을엔 무슨 열매가

이념의 바람이 인간을 유혹하면
세상을 바꿀 수 있다는 야망에 들떠
거기에 목숨을 건 노예처럼
누구나 팔뚝에 붉은 완장을 차네

모두 다 정신없이 언어의 칼춤을 추면
허공을 가르는 수많은 외마디
우수수 떨어지는 푸른 나뭇잎
거리에 외롭게 뒹굴어 마르고
나무만 초라한 군상들이 되었을 뿐

가을엔 무슨 열매가 맺을까
더욱 선명히 드러나는 탐욕의 이빨들
여전히 변하지 않은 것은 세상살이
높다던 그 이념의 촛대 깃발 위에서
오늘도 바람에 펄럭이는 사랑
하늘에 외로이 나부끼고 서 있다

육신의 허물

길옆 풀섶에 뱀이 남몰래
허옇게 자기 육신의 허물을 벗어
부끄러이 숨겨놓고 지나갔네
높은 이상은 어느 하늘에 있는지
한때 세상을 활보했던 그의 육신
텅 빈 껍질만이 바람에 흔들려
꿈틀대던 욕망의 그림자만 너울대네

땅을 기어 다니는 답답한 현실에서
삶의 중압감으로 질식해 버렸던
육신을 과감히 버리지 않고서는
나아갈 수 없다는 고통을 넘어
철창 넘어 넓은 세계로 나아갔네

인간도 육신을 죽이지 않고서는
영혼의 세계를 바라보지 못하는 것
언젠가는 우리도 풀섶에
바람에 너울대는 허연 허물을
조용히 벗어 놓아야 하는 것

옥수수

봄날 빛을 만나 시작된 삶의 여정에
7월 장맛비에 훌쩍 솟아오른 키 재기
흰 수염 쓰다듬으며 서로 연륜을 내기한다
무거운 댓 명의 아기를 업고 서서

밤낮 간절한 구원의 기도를 하늘에 올려
이제 다 키워온 자식을 세상에 보내고
어깨에 멘 삶의 무게를 덜어 내고 싶다고
마파람에 날아갈 듯 양팔을 흔들며
가슴에 가득 품은 사랑을 세상에 전하네

소쿠리에 가득 담은 윤기 나는 옥수수
모락모락 피어나는 솥뚜껑을 열자
미색의 하얀 이빨들이 환하게 웃어
한 움큼 사랑을 먹는지 빛을 먹는지

혼자 가는 길

오늘도 또 한 명이 길을 떠났네
나그네인 줄 모르면서 나그네처럼
살다 가는 하루하루 삼백육십오일
길어봐야 한 백년 삼만 육천오백일
눈물을 흘릴 것도 애석해할 것도 없는
조용히 아무것도 없이 혼자 가는 길

그는 먼저 가고 나는 조금 나중에 가고
언젠가는 나도 조용히 가야 하는 것
다만 죽어서 어디로 갈 것인가
자신의 죽음을 먼저 걱정해야 하는 것
만약 당신이 그것을 모른다면
평생 누린 자연의 혜택을 떠올릴 것

오늘까지 공기로 호흡을 하고
수많은 종류의 맛있는 음식을 먹었으며
철 따라 아름다운 옷으로 몸을 감싸고
타고난 생리로 자식을 낳아 기르며
고통은 하늘이 나를 키우기 위함이었음을
온갖 은혜를 누리며 살아온 날들을
거대한 자연의 작은 일부분인 자신을

자연이 나를 낳고 길렀으며 그 법칙으로
다시 나를 낳아준 이에게로 돌아갈 때
최소한 받은 그 모든 은혜에 감사한
마음은 가지고 가야 하는 것

아침에 새로운 인간으로

우리의 의지와는 상관없이
지구는 자전하여 낮과 밤이 되고
태양을 향해 쉬지 않고 공전하니
어김없이 내일도 당도하네
우린 어둔 밤 동안 지친 육신을 뉘이고
아주 깊은 잠 속으로 빠지기 위해
늘 잠자는 시간을 마련해야 하는 것

포근한 어머니 영혼 속으로 들어가
풀리지 않았던 문제를 해결 받고
생각의 양을 자루에 듬뿍 담아
낮 동안 삶의 에너지로 써야 하는 것
길을 몰랐던 정신의 혼돈으로
아팠던 육신의 모든 병을 치료하고
아침에 새로운 인간으로
항시 거듭나야 하는 것

은하수가 비단처럼

긴 장마가 끝난 비취빛 하늘
은하수가 비단처럼 길게 깔려 있는
흐르는 구름 사이로 환하게 내민
그리웠던 어여쁜 소녀의 얼굴

하얀 청사초롱 손에 들고
바람 부는 들녘으로 마중 나가는
참깨 밭에 내려오는 은색 달빛

수줍어서 말 못하고 보내는
앳된 얼굴에 퍼진 사랑의 미소
부푼 가슴 설레어 잠 못 이루고
밤새 서성이며 맞이하는 임이여

그대 영원히 내 손을 잡아주오
이 모든 간절한 마음을 실어
창공에 흰 돛단배 띄우고
밤새 속삭이며 익어가는 사랑아

낭만의 전차

우리 몸은 자연이 만든 그의 창조물
밝은 태양 아래 여전히 빛나는
그의 뛰어난 아름다운 자태
지금도 모든 피조물 중 으뜸이라
그러나 평생 그것을 알지 못하는
눈먼 소경으로 살아가는 육신의 눈

언제나 욕망을 부리는 자유만이
한평생 흔들리지 않는 믿음으로
영원한 우리의 구원자처럼 춤추고
그의 마력에 끌려 벗어나지 못하다
불어오는 바람에 이리저리 흩날리다
쓸쓸한 거리에서 사라지는 낙엽들

그는 목숨이 붙어 있는 데까지만 허용된
죽은 뒤엔 신의 영역으로 넘어가는 몸
우리의 의지와는 상관없이 본래대로
그의 계획 하에 따라가야 하는데
오늘도 그를 바라보는 욕망의 눈은
낭떠러지 직전까지 달려가는 낭만의 전차

고추

고추잠자리 편대를 지어 날아다니고
여름날 우거진 파란 잎새 뒤에 숨어
남몰래 종일토록 그리운 임 생각에
홍조 띤 얼굴을 사알짝 세상에 내밀었네

차마 수줍은 듯 눈빛을 들지 못하고
가슴에 품어 빨갛게 익어 가는 사랑

성숙한 어여쁜 여인이 시집을 가듯
그 육신 따다 마당가 넓은 멍석에 펴면
그제서야 눈을 들어 하늘의 태양을 보고
임을 향해 웃어주는 빨간 고추

이제 내가 받은 모든 사랑을 위에
아직도 남은 자신의 욕망을 벗어
더 높은 희망을 위해 인내해야 하리
긴 여름날 흘러가는 흰 구름 보며

다시금 일깨워주는

여름날 고개 들어 하늘을 보면
태초에 만물이 창조되었다는 것을
까마득히 잊어버린 인간들에게
다시금 일깨워주는 수많은 형상들
산을 건너 들을 건너 끝없이 밀려오네

흰 구름 먹구름 두둥실 겹겹이 쌓여
빛으로 반사되는 만물의 얼굴들 속에
낯익은 얼굴들이 나타났다 사라졌다
아득한 하늘에 펼쳐진 거룩한 도성
흰 옷 입은 천사의 무리가 날아다니네

바람 따라 흘러가는 긴 행렬 속에
어느 위대했던 큰 바위 얼굴도 잠시
화려했던 세상 욕망의 도시도
그대와 나의 짧은 인생도 그 구름 속에
어쩔 수 없이 함께 따라 가네

연꽃

세상의 가장 하찮고 질퍽거리는
그 거리에서 난 천한 삶이었지만
온갖 서러움과 눈물을 이겨내고
외롭게 희망을 품고 자랐으니
넓고 푸른 잎엔 영롱한 이슬방울
하늘의 맑은 도가 여명의 아침마다
구슬처럼 내려와 맺혀졌네

높게 솟아오른 외로운 줄기 위에
그 고운 얼굴 활짝 하늘을 열고 웃었으니
세속에 찌든 마음 한 줄기 바람에 털고
모든 인간이 그의 혼을 담아가는 꽃
천년의 합덕지에 홍련이 피어났네

포도

하늘의 먼 별 빛이 땅에 내려와
미지의 땅으로 뻗어 가자던
열정의 가냘픈 순들을 어루만지며
떠도는 바람과 함께 밤새워 씨름했지

동녘 하늘에 떠오르는 태양 빛에
아침이면 영롱한 구슬을 입에 물고
세찬 바람에 쉼 없이 흔들리더니
낮에도 부지런히 뙤약볕에
든든한 기둥을 세우고 지붕을 올리더니
우거진 이파리들 아늑한 집 밑에서

실바람에 하늘의 향기를 실어 나르는
탱글탱글한 어여쁜 아기 뺨처럼
주렁주렁 풍성한 포도송이 되었네
사람마다 한 움큼 입에 빛을 나눠주며

설사 먼 친척일지라도

설사 먼 친척일지라도 오랜만에 만나면
순간적으로 다가오는 내 근원의 피
바쁜 세상사에 까마득히 잊어버린
존재의 근원이 다가와 악수하는 순간
돌아가신 아버지의 얼굴이 거기 있고

어머니 배 속에 생기기 전에부터
먼저 세상에 나와 삶의 자리에 있던 사람들
결코 변하지 않는 자연의 무한한 신뢰가
건너갈 수 없는 저 영혼의 강가에서
전해 오는 따사로운 빛들이 몰려온다

피는 피로 이어지는 생명의 고향이기에
거기 내 영혼의 시원의 샘물을 찾아
아무리 먼 마음의 거리에 있을지라도
아무리 먼 시간의 거리에 있을지라도
금새 다가갈 수 있는 아늑한 고향이 있다

그대로 맨얼굴을

이제 잡다한 육신의 욕망을 내려놓고
쉼 없이 달려오기만 했던 푸른 외형의
상처가 얼룩져 있는 그대로 맨얼굴을
하나도 부끄러울 것도 없이 내민다

9월 하늘에 강렬히 내리쬐는 햇살
푸른 잎새 뒤에 수줍게 숨어 있던 마음
용기를 내어 한 줄기 흔드는 바람을 타고
살며시 태양을 향해 얼굴을 내민다

이제 모든 허욕을 접고 당신에게
나머지 모든 생애를 맡기리라
세월에 맞지 않는 근심 걱정을 떨치고
당신의 넓은 가슴에 평안히 안겨
흐르는 강물 위에 생각을 띄워 놓은
유유히 흘러가는 조각배처럼 가리라

구름의 나라

쏜살같이 날아오르는 육신은 잠시
끝없는 우주의 품속으로 빨려 들어가
엄청난 중력의 힘에 흔들거리고

이글거리는 태양은 불꽃처럼 타올라
세상의 온갖 형상의 물상들이 옹기종기
잡다한 인간사처럼 한없이 펼쳐져
하얀 설원이 끝없이 이어진 구름의 나라
세상이 창조된 첫날을 가까이서 보네

마음에선 하나의 티끌 같은 지구
내려다보는 세상의 푸른 산과 강
오밀조밀 붙어 있는 아이들 소꿉장난
원래 아무것도 없는 본연의 모습으로
짧은 여행을 끝내고 가야 하는 것

인생도 마지막 마치는 날 이같이
모든 것을 버리고 하늘 여행을 떠나
먼 우주로 날아올라야 하는 것
영원한 생명의 나라를 향해

속삭이는 언어

비구름 걷힌 푸른 앞산에
청명한 하늘이 그림처럼 걸려 있고
하늘을 그리워하던 들녘에
성큼 마주 보며 내려앉았네

바람은 쉼 없이 잎을 흔들어대
빛을 받아라 속삭이는 언어
가장 깊은 속살까지 찾아들면
손님 맞기 분주한 내밀한 풍경

굶주린 아기처럼 하나도 흘리지 않고
분주히 입에 담아 넣는 금빛 햇살
배불러 스스로 꾸뻑이며 졸다
고요히 꿈꾸며 잠이 든
가을날 한낮의 들녘

바람에 실어 가버린

언제든지 바람은 계절에 앞서
한 폭의 그림을 그려주기 위해
오늘도 달려오고 또 달려간다

그가 머물면 누구나 한 폭의 그림이
심중에 그려져 그에게 끌려가는
수없이 반응하던 내 본능의 색감

때로는 소리 높여 노래하며 춤을 추던
두 팔을 허공에 휘젓던 뜨거운 욕망
어느덧 육신의 색을 칠하다 보내 버린
세월 앞에 선 빛바랜 외로운 삭쟁이

다시 올 수 없는 지난날들을 보내고
삶의 노래들조차 바람에 실어 가버린
빈 들의 허무 속에 숨겨진 그의 영혼
그가 때로 눈을 뜨고 나를 바라보면
마주 볼 수 없는 거룩한 얼굴

바람의 무가(巫歌), 혹은 바람의 윤리

신 익 선(시인, 문학평론가)

1. 시인이라는 제주(祭主)

이정음은 바람 예찬론자인 동시에 바람을 노래하는 낭만주의자이다. 살과 피와 뼈가 이정음의 육신을 이루는 형체인 반면에, 바람은 이정음의 일상과 정신영역을 견인하는 동시 이정음의 시세계를 포괄하는 형질이다. 무신론이나 불문가지론, 유신론에의 유무를 떠나 바람이야말로 신령한 하늘의 음성, 곧 신비로운 '말씀'의 운동이며 지상세계에서 영원세계로 향일하는 지극히 내밀한 음소의 총체적인 '말씀'을 지칭한다. 그러기에 "한 알의 모래 속에서/ 세계를 보고/ 한 송이 들꽃 속에서/ 천국을 본다// 손바닥 안에/ 무한을 거머쥐고/ 순간 속에서/ 영혼을 붙잡는다"(윌리엄 브레이크, 「순수를 꿈꾸며」 전문)라며 영국 시인 윌리엄 브레이크는 바람을 진노하는 창조적인 소용돌이로 파악하였다. 일테면 호수의 경계선 위로 보이는 풍차들이다. 풍차는 바람에서 동력을 얻는다. 역동적이다. 바람이 불어야 풍차가 돌아간다. 그러나 문학적 상상의 영역에서는 풍차가 바람을 돌리는 일이 불가능하지 않다.

이때 바람은 일종의 소리인 동시에 일종의 내면세계에 내재된 음영으로서 이 시집에서는 위의 바람에 비유되는 사유들 일체를 모두 '바람'을 형상화하는 상관물로 존치한다. 바람이 테마이자 주체자이다. 이때 이정음의 바람은 '미래의 욕망들과 추억에의 회한들이 저 거대한 두개골, 곧 지구의 어느 한 부분에서 일깨워질 때면 몸을 일으켜 세우는 것, 그것이 바로 바람이다'라고 자신의 시집 『바람의 신비』에서 갈파한 프랑스의 시인 생폴루(Saint-Paul Roux)의 바람과 동일하다. 생폴루는 바람을 다양한 갈래의 생명체로 환기시킨다. 브르타뉴 지방의 시인 생폴루에게 바람은 바람 숨결마다 생기를 띠고 있어 바람이야말로 한때 생명을 지녔던 공기의 조각이며 한 영혼에게 옷을 입혀주려는 공기의 피륙이라 보았던 것이다. 이 '공기의 조각, 공기의 피륙'이 그대로 이정음에게 '바람'으로 인식된다.

그 바람의 몽상이라고나 할까. 바람은 이정음의 시세계의 창조적 동력이다. 현재와 미래가 교섭하는 생물체다. 시편의 곳곳에 이들 생명체의 발현이 용솟음치는 걸 목도한다. "한 줄기 바람이 불어와 생명을 주면/ 벌떡벌떡 일어서는 풀잎들이여/ 하늘하늘 열리는 꽃잎의 하늘이여"(「꽃잎의 하늘이여」 일부), "모든 일상은 바람이 일군 마음/ 거세게 활활 타오르다 결국은/ 새로운 마음으로 사라져 버리는 것"(「누군가 찾아와」 일부), "봄은 처절한 절규 끝에 오는/ 바람의 꽃봉오리"(「바람의 꽃봉오리」 일부) 등등의 시편들이 그를 확인시켜 준다. 그 용솟음침, 그 봄 꽃봉우리들의 반란인가, 이들 뫼 앉아 편지, 사랑이 충만한 「내 사랑의 편지여」를 쓰기 시작한다.

> 남녘의 꽃향기 가득 실은 바람/ 우거진 솔숲에 물밀듯 밀려오면/ 겨우내 외로움에 지쳐/ 뜨거움에 목마른 그 가슴/ 누구를 기다리는 간절한 노래인가/ 온종일 구구대는 산비둘기/ 임을 찾는 간절한 그리움에/ 높이 하늘에 날아올라/ 봄바람에 실어 보내는 꽃잎/ 잠 못 이루는 내 사랑의 편지여
>
> —「내 사랑의 편지여」 전문

공기의 조각들, 생명의 피륙들이 '남녘의 꽃향기 가득 실은 바람'으로 환치되어져 쓰는 편지, 「내 사랑의 편지여」 시편에 꽃을 피우고 그 피어난 꽃에 의하여 쓰여지는 편지가 있다. 사람이 손으로 쓰는 편지가 아니다. 꽃잎이 쓰는 비밀의 꽃잎편지다. 그렇지 않다면 "잠 못 이루는" 일은 없을 터, 바람은 그냥 바람이 아니다. 누군가 그 속에 들어 있어서 꽃을 피우고, 편지를 쓰는 것이다. 이는 마치 생폴루와 동향의 시인 으젠느 기유빅(Eugene Guillevic)이 읊은 "바람 속에/ 누군가 있다"라는 말과 유사하다. 누군가 있다. 바람 속에 서 있는 이는 누군가, 꽃잎의 연인인가, 연인의 환영인가, 미지의 외계인인가, 누군가 있다. 봄바람의 가슴 속에도 누군가 있다. 그 사람은 누구인가. 내 가슴 속에도 누군가 있다. 사람들이 눈으로 목도하지 못한 것을 시인은 목도한다. 해나루를

밤새 걸어와 바람이 돌리는 풍차가 아니라 풍차가 돌리는 새벽바람 속에 서 있는 뚜렷한 개체가 있다. 그는 누구인가. 누군가로 대별되어지는 한 사람이 서 있다. 어쩌면 그는 생의 아픔을 치유하려고, 혹은 삶의 고뇌를 보듬어주려고, 하염없이 스스로를 제물로 하여 제단에 무릎 꿇고 있는, 시인이라는 제주(祭主) 아닌가.

2. 바람의 무가(巫歌)

그렇다면 바람은 생명, 생기, 생명체의 시니피앙(실재)이다. 이 실재는 오래전부터 우리나라 민간신앙에서 신으로 섬기는 영등할미(靈登老姑)의 화신과 유사하다. 이를 일러 바람의 무가(巫歌)라 하여 과도한 말인가. 왜 무가인가. 이정음은 이번 시집 『바람의 노래』에서 영등할미 이상으로 '바람'을 매 시편의 전면에 내세우길 반복한다. 한 편이나 다수의 시편이 아니다. 전편의 시가 그러하다. 시편 전체가 바람이다. 바람이 산다. 가히 바람의 집이다. 시편 전부가 바람의 터전이며, 시편 전체가 바람의 안식처다. 이 속에서 바람은 다양한 얼굴을 갖고 있다. 시인이 다양성의 중재자인 것처럼 바람은 바람과의 대화를 펼쳐 나간다. 바람과의 대화라 하나 실상은 일방적인 물살이다. 그것도 여울물이 아닌 폭포수다. 이정음은 쉴 새 없이 거대한 폭포수에 바람을 퍼부어대며 바람을 내세우길 반복한다. 반복이 아니라 은근히 닦달한다. 심지어 은밀하게 즐기기까지 한다. 은밀히 즐기는 바람과의 밀회를 통하여 시어에 숨겨놓은 것, 그것이 삶의 이야기이든, 죽음의 유영이든 간에 이들을 통하여 일회성 삶의 유한함은 깨닫고 영원의 미지를 탐색하길 마다치 않는다. 바람을 사랑하는 바람광의 밀회, 이것이 이번에 펴내는 이정음 시집의 특성 중 하나다. 바람과 연애에 빠지는 저 무모함의 극치. 마리아 릴케가 시인을 일러 “우리보다 조금 더 하염없는 자들”이라 명명하였듯이 하염없이 부르는 노래, 바람의 무가라 하여 마땅하다.

이정음의 눈동자는 언제 어디서나 '바람'을 감지한다. 일터이건 잠자리건 가리질 않는다. 간절하게 애태우며 누군가를 기다리는 애절한 눈빛으로 바람을 기다린다. 언제 어디서나 예외 없이 이 '바람'을 전면에, 혹은 이면에 내세워 사유를 진군케 하거나 정박게 하기를 즐긴다. 그렇게 이정음은 바람을 앞장세워 하고 싶은 말을 한다. 그리고는 자연과 인생에서 추구하는 유토피아를 갈구하여 마침내 소우주를 창조한다. 물론 이정음이 창안한 이 소우주를 관할하는 주재자, 신의 손길은 '바람'이다. 바람은 눈에 보이지 않는 물상이지만 이정음에게 있어 바람은 멀리 존재하는 추상적인 물상이 아니다. 바로 몸 곁에 있다. 바로 손만 뻗으면 닿는 그곳, '거기에' 존재한다. 마치 사랑하는 이가 죽어도 그 그리운 음성, 그 그리운 손길은 언제나 가슴 가까이에 숨 쉬고 있음을 역력히 느끼듯이 멀리가 아니다. 가까이, 아주 가까이 존재한다. 그렇기에 이정음은 고백한다. 있다. 거기에 있다. 바로 거기, '신의 손길이 거기'에 있다. 단언에 가까운 바람의 공표다. 마치 멕시코 시인 옥타비오 파스(Octavio Paz)가 “천둥은 번개가 번쩍인 것을 공표한다.”라고 노래한 것과 유사하다. 천둥이라는 책은 번개를 기록한다. 찰나의 일이다. 사람들이 그를 읽어내는 건 불가능하다. 그러나 거기에 있다. 실존이다. ‘신의 손길은 거기’, 그리고 ‘하늘의 별’ 역시 저 멀리가 아니다. 거기다. 거기 있다. ‘거기 있다’는 그리하여 제 몸을 형성하기에 이르렀다. 그 바람의 기표, 바람의 내밀한 음률은 그리하여 몸이 되었다. 다음의 시편은 이정음이 붓방망이로 내려치는 그에의 공표다.

① 글이 있기 전에 말씀이 있었고/ 말씀은 언제나 바람과 함께/ 우리 곁에서 늘 속삭였네/ 난 너의 친한 친구야// 사물과 부딪치면 울리는 소리가 되어/ 그들의 속살이 밝히 드러났고/ 가슴과 부딪치면 숱한 말이 되어/ 사람이 가야 할 길을 가르쳐주었네// 때로는 글 속에 바람을 가둬 두고/ 눈으로 그 뚜껑을 열면/ 하늘의 소식을 끝없이 전해주어/ 미혹한 마음을 깨우쳐 주었지// 태곳적 광대한 우주가 창조된/ 그때의 음성이 아직 거기에 있고/ 우리가 만들어지던 그날의/ 신의 손길이 거기 숨어 있어

—「신의 손길이 거기」 전문

② 인간은 우주에 떠도는/ 하늘의 별보다도 빛나는 존재/ 몸은 작아도 영혼이 거기 있기에/ 무한히 생각을 공급받을 수 있는/ 눈에 보이지 않는 장치가 숨어 있다/ 생각하고 바라고 마음이 가면/ 그 어떤 먼 별에도 갈 수 있는 것/ 그 어떤 별도 만들 수 있는 것/ 그 별이 아무리 크고 아름다워도/ 그 마음에 포함될 수 있는

것/ 별은 사람이 없는 허허벌판/ 거기엔 생명이 없고
사랑이 없네/ 모든 별을 지배하는 것은 오로지 생각/
오늘도 생각이 흐르는 바람이 분다/ 마음에 흐르는 무
수한 유성의 별들이/ 부딪치며 떨어지고 흩어진다

—「하늘의 별」 전문

위 시편들을 보면 공히 '거기' 라는 말이 강조된다. '신이 손길' 이 현존하는 장소와 '몸은 작아도 영혼' 이 있는 장소는 '거기' 이다. 다양한 방식으로 정의되어지는 장소의 특성은 그 가시성에 있다. 파노라마와 같은 장면을 볼 때 눈은 오직 관심 있는 지점에만 멈춘다. 그 순간 시간이 일시 정지한다. 순간의 일이다. 바로 그 짧은 순간이다. 순간적으로 장소의 상상력, 즉 이미지를 형상화하는 능력이 분출된다.

이때의 이미지는 자신도 모르게 사람의 심장과 뼈에 각인된다. 장소의 가시적 특성은 그리하여 예술가적 심미안을 지니고 있는 사람이라면 천둥처럼 재빨리 기록할 수 있다. 철학자 파이블맨(James K. Feibleman)은 말하길, "인생에서 사건들의 중요성은 광범위함보다는 강렬함에 정비례한다. 어떤 사람이 전 세계를 여행하는데 일 년의 시간이 소요될 수 있지만, 그에게 아무런 인상이 남지 않을 수 있다. 그러나 그가 어떤 여자의 얼굴을 보는데 단 일 초밖에 걸리지 않을 수 있으나 그것이 그의 미래를 바꾸어 놓는다."라고 했다. 중요한 것은 시간의 단위가 아니다. 강렬함이다. 강렬함이 증대되면 사람이나 장소도 사람을 첫눈에 사로잡을 수 있다. 이때의 주체는 강렬함의 인자다. 단 기간일지라도 강렬한 인상,

강렬한 경험은 거대한 산맥처럼 삶을 휘어잡고 삶을 분기시키며 삶을 변화시킬 수 있다. 음성, 말씀은 생명을 약동시키는 변화의 메신저다. 그것이 ①의 시편의 요체다.

첫 행에서 "글이 있기 전에 말씀이 있었고/ 말씀은 언제나 바람과 함께/ 우리 곁에서 늘 속삭였네/ 난 너의 친한 친구야"라는 구절이 나온다. 마치 창세기 제1장 1절에 "태초에 하나님이 천지를 창조하시느니라."를 연상시키는 절구다. "땅이 혼돈하고 공허하며 흑암이 깊음 위에 있을 때 하나님의 영이 수면 위를 운행하시니라." 라는 창세기의 천지창조 상황만큼이나 '말씀'은 천지를 창조한 유일한 질료였다. 흙과 물과 불길이 도자기를 주조하듯이 '말씀'은 창조의 주조물이었다. 성경의 천지창조 장면과 유사하다. 이것이 「신의 손길이 거기」에서, "태곳적 광대한 우주가 창조된/ 그때의 음성이 아직 거기 있고/ 우리가 만들어지던 그날의/ 신의 손길이 거기 숨어 있어"라는 결구, 곧 바람이 곧 '말씀'이 되는 실체를 만들어낸다. 이런 일들은 "때로는 글 속에 바람을 가둬 두고/…(중략)…/ 미혹한 마음을 깨우쳐 주"는 생의 길잡이 역할을 하는 질료가 된다. 그러나 사람의 일생, 특히 시인의 일대기는 온갖 잡동사니 부유물로 뒤덮이기 일쑤라서 미혹당하며 사는 게 다반사다.

이는 ②의 시편에 이르러서 심화된다. "모든 별을 지배하는 것은 오로지 생각/ 오늘도 생각이 흐르는 바람"이 불어오는 현장에 서서 '생각'이라는 바람을 마주하는 것이다. 생각의 탄생이다. 이는 우주의 탄생과 버금가는 일이다. 현세의 생각이 어떠한가, 미래의 생각은 어떠해야 하나, 생각은 생각한다. 생각의 상태 여하에 따라 사람의 하루와 사람의 일대기는 변모한다. 사막에서도 꽃 피우고, 천국에서도 지옥을 경험할 수 있다. 세계에서 부동의 최고 억만장자, 빌 게이츠의 『생각의 속도』 역시 이 시편에 등장하는 "생각하고 바라고 마음이 가면/ 그 어떤 먼 별에도 갈 수 있는 것/ 그 어떤 별도 만들 수 있는 것/ 그 별이 아무리 크고 아름다워도/ 그 마음에 포함될 수 있는 것" 시행과 동일하다. 빌 게이츠는 생각을 일러 세상에서 가장 빠른 속도, 빛의 속도를 능가하는 힘을 지녔다고 말한다. 내가 달나라를 다녀와야 한다, 생각하는 순간 이미 생각은 우주를 유영하여 달나라를 보고 온다는 논지를 폈다. 일종의 상상력이 가미된 상상력의 설정이다. 허나, 누구도 이 생각을 원용하여 부를 축적한 생각의 회로를 과소평가할 수 없을 터이다. 생각의 사유는 그 심연의 끝을 찾지 못할 정도로 광대하다. 이 시편에서 생각은 인간을 인간답게 주조하는 높고 찬란한 광채, 곧 '별' 이다. 이는 영원을 상징한다. 빛이란 우주의 에너지다. 별의 광채 이상으로 생각은 영원하다. 생각은 생애를 생명으로 인도하는 빛이며 이것은 이정음이 일생을 통하여 깊이 연구하고 쉼 없이 천착하여온 천체의 밀어다. 일견 일종의 잠언과도 같은, 한 줄의 명상과도 같은 위의 시편들의 탄생은 그렇기에 가능하였을 것이다.

신의 영역의 범주에 속하는 창조는 그리하여 광대무변한 우주에서만 지속되는 현상이 아니다. 일상사에서 그와 유사한 역동적인 연관성을 견련한다. "보잘것없는 이 육신/ 가는 곳마다 따라다니고/ 늘 나와 마주하며 사는 것일까/ 그대 바람이여/ 나는 느낀다오"(「늘 나와 마주하며」 일부)나 "세속에 찌든 마음 한 줄기 바람에 털고/ 모든 인간이 그의 혼을 담아가는 꽃/ 천년의 합덕지에 홍련이 피어났네"(「연꽃」 일부)에서 보듯이 창조의 역사는 지상에서도 일어나 "세상의 가장 하찮고 질퍽거리는/ 그 거리에서 난 천한 삶"을 극복하기에 이른다. 「연꽃」 시편은 세속적인 것에 사로잡히지 않는 순결한 영혼을 호흡한다. 창조의 궁극이란 결국 순수하고 순결한 삶을 지향하는 영혼사랑이다. 그 입술과 그 뜨거움과 그 아기자기한 꿈을 사랑하는 일이다. 이것이 뭇사람들의 안녕을 비는 바람의 무가(巫歌)이다. 재론하자면 이 무가란, 신의 손길을 느끼는 '거기' 에서부터 출발한다. 하여, '하늘의 별' 을 심는 바람은 물론이거니와 충남 당진군에 있는 유서 깊은 연못인 합덕지에 피어나는 연꽃을 개화시키는 바람에 이르기까지 예외 없다. 이 모두는 바람을 차용한 바람의 무가이다. 바꾸어 말하면 바람이 일으키는 심연의 기적이다. 이것이 이정음식 시 쓰기, 새로운 천지창조의 귀결이며, 생명의 본질이라 할 만하다.

3. 바람의 윤리

먼 우주의 전파를 탐지한 듯/ 한 줄기 바람이 가져온 작은 떨림/ 너의 생각은 어느 먼 우주의 은하계에서/ 찾아온 얼굴이 낯선 이방인/ 두리번두리번 무엇인가 찾고 있는// 생각은 생각을 서로 잘 모르는/ 단단한 껍질 속에 숨겨진 작은 씨앗/ 눈빛 반짝이며 웅크리고 앉아/ 늘 남이 자기를 알아주기 원하는/ 높게 둘러쳐진 단단한 성곽// 오늘도 다른 생각을 만나기 위해/ 수백 리 찾아가 임을 만나듯/ 미로의 길을 찾아 떠나는/ 너를 이해하기 위해 떠나는 걸음

—「숨겨진 작은 씨앗」 전문

이정음은 관념, 바람이라는 추상적인 형질의 봉인을 풀어 실질의 물체에 원용, 또는 대비시켜 이를 재해석하고 재조명하는 시 쓰기의 기술을 펼쳐내는 데 능숙하다. 관념이 주는 추상적이고 형이상학적인 관점에서 벗어나 실생활에서 쓰이는 일반화된 언어들을 조합하여 평범한 시어를 구사할 뿐인데도 완성된 시편에서는 관념 위주의 고리타분한 냄새가 안 난다. 위의 시편 마지막 연에 등장하는 '임' 이라는 시어는 근현대 한국문학의 초창기 시대부터 지금까지 시 작품에서 통용되는 가장 대표적인 시어다. 듣기만 하여도 거부반응을 일으키기 십상인 단어다. 그럼에도 이 시편에서는 부정적 연상이 차단되어 있다. 그 이유는 뭔가. 이것은 제1연의 '떨림' 에서 기인한다. 바로 "한 줄기 바람이 가져온 작은 떨림"이다. 이 떨림은 '생각' 의 주어다. "생각은 생각을 서로 잘 모르는/ 단단한 껍질 속에 숨겨진 작은 씨앗/ 눈빛 반짝이며 웅크리고 앉아/ 늘 남이 자기를 알아주기 원하는/ 높게 둘러쳐진 단단한 성곽// 오늘도 다른 생각을 만나기 위해" 분주하다. 그를 위하여 길을 나서는 형국, 그것이 바로 "수백 리 찾아가 임을 만나듯"이 애태우며 만나는 '생각' 이 바로 '임' 의 실체이기 때문이다. "늘 남이 자기를 알아주기를 원하는/ 높게 둘러쳐진 단단한 성곽"

을 인지하기 위하여서는 '숨겨진 씨앗' 으로 비유되는 '생각' 이 풀어내는 '바람' 을 조우하고 바람을 이해하는 일이다.

단단한 외피에 둘러싸여 있는 씨앗의 배아를 벗기는 일은 생각을 찾아 떠나는 생각의 여행이다. 바람을 매개체로 광폭의 행보를 넓히는 일이다. 화자는 그를 '작은 떨림' 이라 명명한다. 그러나 이 작은 떨림이야말로 강렬한 경험의 영상처럼 불멸의 인상을 각인시킨다. 어떤가. 이 시대는 이해득실을 가치의 척도로 여기며, 거래를 애정의 조건으로 내세우는 데 능란한 패역의 시대 아닌가. 순수를 떠나 잇속을 헤아려 별리(別離)를 반복하길 여반장으로 여기는 배신의 시대 아닌가. 명료하다. 이는 대개 떨림을 상실한 까닭이다. 심장의 무늬에 파문을 던지는 떨림을 잃어버린 시대이기 때문이다.

시인은 잃어버린 떨림을 회복하는 일을 궁구하는 자들이다. 이것이야말로 진정한 시인이 추구해야 할 내밀한 편지, 곧 내적 영혼 상까지 바꿔 놓는 '씨앗' 의 힘 중 하나이다. 이때 이 씨앗은 윌리엄 블레이크의 말대로, "별 빛나는 밤의 허공이며 대지의 심연과 동굴"인 것이다. 밤의 허공과 대지의 심연과 동굴은 가상컨대 자유로운 영혼이며 씨앗을 품어주는 밭이다. 여기에 우주만물의 씨앗이 심어진다. 모든 씨앗은 땅에 심어지면 반드시 씨앗의 원형질을 확대재생산하는 능력을 지닌다. 이것이 씨앗의 비밀이며, 이 씨앗을 원용한 것이 오직 시인만이 고독을 사랑하며 글 쓰는 글의 가치규범이다. 또 있다. 곡물을 지칭하는 곡물의 유전자를 가진 씨앗만이 씨앗이 아니란 점이다. 알곡이 아닌 추상체, 즉 눈물이라든가 땀이라든가 사랑이라든가 정성이라든가 증오라든가 역시 하나의 씨앗이 되는 것이다. 사람이 혼신을 다하여 돌보고 가꾼 것은 결코 그 손길을 잊지 않는다. 식물체든 인격체든 사물이든 동일하다. 이것이 정성이라는 씨앗의 발아이자 열매다. 부모가 효의 모본을 보이는 가정에서의 효 역시 열매를 맺는다. 그 반대의 개념인 증오 역시 미움이라는 열매를 맺는다.

이러한 일련의 공식화된 개념, 일반적으로 널리 각인된 질서의 운행이 바로 윤리다. 윤(倫)이란 무리가 만들어내는 질서를 이른다. 탈이념을 포함하여 탈윤리가 횡행하는 이 시대의 문학적 윤리는 그럼 무엇이어야 하는가. 문학에서의 윤리는 뒤집는 것이다. 기존의 질서나 체제를 뒤엎자는 것이 아니다. 사물이나 형상의 정해진 순서를 부정하고 뒤집어보는 것이다. 전통을 부정한 것이 낭만주의자들의 일관된 관점이지만 이들은 혁신을 갈망하였다. 일례로 자기 자신의 멈춤, 굳어버림에 대하여서도 극렬하게 반대를 표하였다. 자기 자신의 개조를 윤리화한 것이다. 창조의 윤리, 이 시집에서 숱하게 등장하는 바람을 첨언하여서 이를 바람의 윤리라 칭하여 연상하는 일은 어렵지 않다.

이는 새로움이다. 바람의 새로움이다. 자연이 시시각각 변하여 언제나 새로움을 표상하듯이 자연의 일부를 담당하는 바람 또한 새로움이 생명이다. 바람의 윤리는 그러므로 새로움을 창조하기 위한 몸부림이다. 몸부림치지 않고 어떻게 태아를 해산하겠는가. 현재의 태양을 폐기하고 새로운 태양과 바다, 창공의 신기루와 신선한 시어를 창안하는 것이다. 새로움을 찾아 밤새하는 고독의 몸부림 없이 어떻게 희열 가득한 시어를 분출시킬 수 있겠는가. 지금까지 창조되지 아니한 신비로운 시어를 창조하는 것이 바람의 윤리덕목이다. 새 언어는 그때 창조될 것이며, 그러한 때에 워즈워스가 표현한 "시란 거센 감정이 저절로 넘쳐 나오는 것"이란 이미지의 불타오르는 어떤 감정이 솟구칠 것이다.

새로움을 갈망하는 예감은 전신을 달구는 열망이다. 시에의 열망을 추스르며 이름 없이 한 지역에서, 한 지역에서 숨어 살듯이 지역에서 묻혀 글 쓰는, 이정음 시인은 그 비의를 듣고 적는다. 누구에게 내보이고 누구에게 평가 받으려는 것이 아니다. 그냥 심금을 관통하여 저절로 솟구쳐 오르는 마음의 흔들림을 「그 마음을 흔들어」라는 다음 시편에 적는다.

> 인간이 울면 바람이 따라 울고/ 바람이 울면 하늘도 따라 우는 것// 마침내 바람은 한 나라를 세우고/ 활짝 꽃피워 자라게 하다/ 인간이 자연을 믿지 않으면/ 바람은 또 그 마음을 흔들어/ 나라를 허물고 또 다른 정권을 세우고// 바람 속엔 영원한 나라는 없는 것/ 단지 하늘을 믿는 믿음이 나라일 뿐// 그래서 바람은 믿음이 없는 나라를 허물고/ 믿음을 세우기 위해 나라를 세우는 것/ 오늘도 믿음을 세우기 위해/ 한 줄기 바람이 불어온다
>
> —「그 마음을 흔들어」 전문

인간이 울음을 운다는 것은 단순히 눈에서 흐르는 눈물을 지칭하는 말이 아니다. 기쁨의 눈물은 예외로 치

고 극한의 슬픔을 겪을 때, 육체는 눈물을 흘리게 하여 울음을 쏟아냄으로 스스로를 정화시킨다. 이때 무형의 바람도 형체를 가진 형질로 육화하여 더불어 눈물을 흘린다. “인간이 울면 바람이 따라 울고/ 바람이 울면 하늘도 따라 우는” 시적 표현은 우주와 인간을 포괄하는 대자연의 외침 말이다. 대지에 울려 퍼지는 울음의 의미는 한 순간, 한 흐름, 한 시대를 좌우하는 무형의 생명을 품게 된다. 그렇지 않고서야 어찌 바람이 한 국가를 허물고 세우겠는가. 바람이 생명이 아니고서야 정권을 교체시키는 강대한 동력이 될 수 있겠는가. 상대가 있는 대상은 숨겨놓은 채 바람의 은유만으로 “바람은 믿음이 없는 나라를 허물고/ 믿음을 세우기 위해 나라를 세우는” 혁명의 정황을 표시하기에 이르는 이것이 바람의 윤리이다. 믿음을 세우는 일, 믿음을 지키는 일, 믿음을 사랑하는 일이 곧 인간의 역사를 만드는 큰 강줄기다. 인간은 믿음을 상실할 때 패망한다. 시인이 믿음을 상실하면 시가 사라지고 산문이 남는다. 시인은 미약한 존재이지만 시의 미세한 음성은 천지를 운행한다. 그것이 바람이다. 시인은 무력하지만 시의 바람은 영원하다. 시를 사모하고 이를 꽃피워 대지를 살찌운다. 이것이 바람의 윤리다. 이런 입장에서 이 시편은 이정음이 개인과 국가의 흥망성쇠에 대하여 나름대로의 예지적 형찰을 주조해낸 작품이다. 별거 아닌 듯 스쳐 지나치는 바람의 윤리가 얼마나 거대한 폭발력을 지닌 혁명적인 성분인가를 보여주고 있는 것이다. 이정음의 연륜과 경륜을 들여다볼 수 있는 이정음의 명상과 직관의 힘이 삽입되어 있다.

4. 숨결의 숨결

이상으로 『바람의 노래』라는 제하의 이정음 시집, 제1부 '닿을 수 없었던 그리움', 제2부 '잠자는 마음을 깨우며', 제3부 '사랑의 편지여', 제4부 '바람이 실어온 꿈들', 제5부 '혼자 가는 길' 등 총 84편의 시편을 살펴보았다.

이들 전체 시편들은 앞서 언급하였듯이 바람 시편들이다. 바람이 그리움이다. 바람이 의식을 깨운다. 바람이 마음이다. 바람생명이다. 바람사랑의 편지이고 바람임이다. 숨결도 바람이다. 호흡도 바람이다. 바람이 멈추면 숨결도 정지한다. 그런 상태가 죽음이다. 죽음을 기억하는 숨결의 울림들 역시 이 시집이 연결하여 가는 바람과 근친간이다. "여름날 마파람이/ 나뭇잎에 숨어들어 살랑일 때/ 하루 종일 속삭이는 밀어/ 너의 부드러움이 내게 닿으면/ 나는 언제나 황홀해/ 뜨거운 너의 숨결을 호흡할 때/ 하루를 충실히 살 수 있지/ 나를 잠시라도 떠나지 마"(「내 곁에 있어 줘」 일부)에서의 '숨결'은 바람의 변형곡이다. 그런가 하면 숨결은 죽음을 준비하는 바람의 형상물이기도 하다. "삶의 초침이 멎어가는 마지막 길/ 떠밀려 건너야 하는 죽음의 다리가/ 자연의 거대한 순번 바로 앞에 와 있네/…(중략)…/ 거세게 헐떡거리는 숨결을 이어가네"(「자연의 거대한 순번」 일부)에서처럼 숨결이 몸을 떠나는 현장, 즉 죽음을 스케치하는 것도 바람이다.

이밖에도 이 시집의 도처에는 이 '숨결'처럼 죽음을 바라보며 죽음의 얼굴을 바라보는 바람의 형상이 출현한다. "흙으로 왔다/ 다시 흙으로 돌아가는 날/ 방금 복토한 황토 봉분 위에/ 겨울 햇살이 나직이 내려와 앉았다/ 찬 흙 알갱이만큼이나/ 못다 한 수많은 언어들은/ 참새처럼 조잘조잘/ 빛과 함께 나와 서성이고"(「당신은 영원한 친구」 일부)나, "언제나 들려주는 변함없는 소리/ 세상은 바람 속에서 일어나/ 모두 바람처럼 사라진다는 말"(「동반자」 일부) 등, 삶을 살아가는 과정의 주요 인자는 바람인 것처럼 죽음을 은유하는 바람의 출몰이 다대함을 살펴 볼 수 있다.

이쯤 되면 바람이 생의 제주(祭主)다. 바람은 이제 숨결을 데리고 지상의 제단을 떠나 우주로 귀향할 것이다. 바람의 무가(巫歌)는 이 지상을 떠나가는 숨결과 동행할 것이다. 바람의 윤리(倫理)도 고단한 생애의 날들을 접고 바람의 속으로 귀환할 것이다. 덧없다. 싸우고 다투며 피나게 노력하여야 겨우 옷 입고 밥 먹으며 살아가는 지상의 모든 숨결이여. 덧없다. 찬드기아 우파니샤드, 성스러운 노래여. 눈[目] 속에 있는 눈으로 하여금 보게 하는 존재를 찾는다 한들 숨결이라는 바람을 놓기 위하여, 헤어지기 위하여, "거세게 헐떡거리는 숨결"을 간직하다가 종내는 숨결을 놓아버리곤 몸과 더불어 생을 증발해 버리는 게 아닌가.

시인, 그러나 이정음은 시인이다. 이정음은 예산농대를 졸업하고 홀로 묵묵히 글을 쓰는 시인이다. 이정음처럼 농업학교를 졸업하고 홀로 시를 쓰던 시인 중에 노르웨이의 시인, 울라브 하우게(Olav H. Hauge)가 있음을 말해주고 싶다. 그는 어려서 정신질환을 앓았다. 단 한 번도 고향을 떠나지 못하고 고향에서만 시를 쓰다가 1994년 고향집에서 의자에 앉아 운명하였다. 1946년

첫 시집 『재 안의 불씨』 이후 일곱 권의 시집을 냈다. 그가 죽자 노르웨이 국민들은 그를 국민시인으로 추앙하였다. 이는 시 쓰기가 어떠해야 함을 살필 수 있는 단서이자 이정음이 기억할 만한 모본이 되기 족하다.

시는, 시 쓰기는 미약하지만 위대한 일이다. 이정음의 시세계는 삶 속에서 문제의식을 지닌 사물이나 일상사의 내면을 탐구하여 그를 바람에 은유하여 새로운 몸을 형성한다. 이것이 이 시집이 의도하고 있는 바람의 목숨이고 바람의 삶이며 바람의 속성이다. 이를 통하여 인간의 죽음이라는 삶의 궁극과 한 시대의 시대적 의미를 반추하는 사유를 펼치길 즐긴다. 바람을 통한 형이상학적 통찰이 주를 이루는 것은 그래서이다. 그 결과 이정음의 시는 철학적 명상과 잠언을 곁들여 시 작품의 미적 형상화를 이루기 위한 집요한 몸부림을 계속하고 있다. 순수의 강도가 클수록 현실에 대한 비판의 강도가 세지는 경향을 표출하는 연유도 그런 까닭이다. 과묵하게 느껴지는 그대로 내면의 성찰을 토대로 계속하여 바람을 노래하되, '자유에는 왜 피 냄새가 나는지' 를 노래한 김수영 시인의 새로움을 향한 치열한 전력투구를, 그 은유와 자유와 두려움과 고독을 재삼 고찰해보길 주문하면서 논지를 맺는다.

문학세계대표작가선 832

바람의 노래

이정음 시집

인쇄 1판 1쇄　2017년 12월　9일
발행 1판 1쇄　2017년 12월 16일

지 은 이 : 이정음
펴 낸 이 : 김천우
펴 낸 곳 : 도서출판 천우
등　　록 : 1992. 2. 15. 제1-1307호
주　　소 : 서울시 성동구 무학봉28길 6 금용빌딩 2F
전　　화 : 02)2298-7661
팩　　스 : 02)2298-7665
http://moonhak.wla.or.kr
E-mail : chunwo@hanmail.net

값 10,000원

이 책은 당진문화재단 사업비로 제작되었으며 「2017 당진이시대의문학인」 선정작품집입니다.

ISBN 978-89-7954-697-2

이 도서의 국립중앙도서관 출판예정도서목록(CIP)은 서지정보유통지원시스템 홈페이지(http://seoji.nl.go.kr)와 국가자료공동목록시스템(http://www.nl.go.kr/kolisnet)에서 이용하실 수 있습니다. (CIP제어번호: CIP2017032797)